禾斋诗存

周铭耿 著

陕西新华出版传媒集团
太白文艺出版社

图书在版编目（CIP）数据

禾斋诗存 / 周铭耿著. — 西安 : 太白文艺出版社，2020.1

ISBN 978-7-5513-1796-2

Ⅰ. ①禾… Ⅱ. ①周… Ⅲ. ①诗集 – 中国 – 当代 Ⅳ. ①I227

中国版本图书馆CIP数据核字（2019）第300552号

禾斋诗存
HE ZHAI SHI CUN

作　　者　周铭耿
责任编辑　彭　雯　汤　阳
特约编辑　钟小敏
整体设计　阅客 · 书筑设计
出版发行　陕西新华出版传媒集团
　　　　　太　白　文　艺　出　版　社
经　　销　新华书店
印　　刷　广州广禾科技股份有限公司
开　　本　787mm × 1092mm　1/32
字　　数　77千字
印　　张　4.75
版　　次　2020年1月第1版
印　　次　2020年1月第1次印刷
书　　号　ISBN 978-7-5513-1796-2
定　　价　36.00元

联系电话：029-81206800
出版社地址：西安市曲江新区登高路1388号（邮编：710061）
营销中心电话：029-87277748　029-87217872

恩师戴学映先生赐墨

释文：

荫柏旧祠堂，三年始来拜。酹觞天井时，缺月枝头挂。（《归乡》）

唱起汤圆调，推车街巷行。楼窗高且远，仰首望回声。（《卖汤圆者》）

场外正徘徊，灯暝银幕开。中心招手喊，娘到这边来。（《看露天电影》）

岭坳何其似，家山八斗种。地荒久未耕，松柏各森耸。（《观志鸿〈富春山图〉》）

禾斋五绝四首，庚子正月　鹤影

周铭耿，字默照，号禾斋。一九七四年生。广东连平人。惠州市华罗庚中学教师，广东省作家协会会员，中华诗词学会会员。

序

余颇嗜吟哦。舌耕之余，览诸家诗作，思劳生旧事，偶有所触，即诌数语于简，旋发论坛请益。十数年来，承蒙诸师友教益，嘉惠尤夥者，则有上海老刘茶舍、饶平挚殊、槎城霄虹诸君。匡谬启示，不胜感荷。今检点奚囊，所涂多五言，竹头木屑，不忍弃之，几番删剔，暂留二百余首，姑辑成编，以就正于方家。

己亥夏月铭耿草于鹅城

目录

辑一　五绝

辑二　五律

辑三 七绝

辑一

五绝

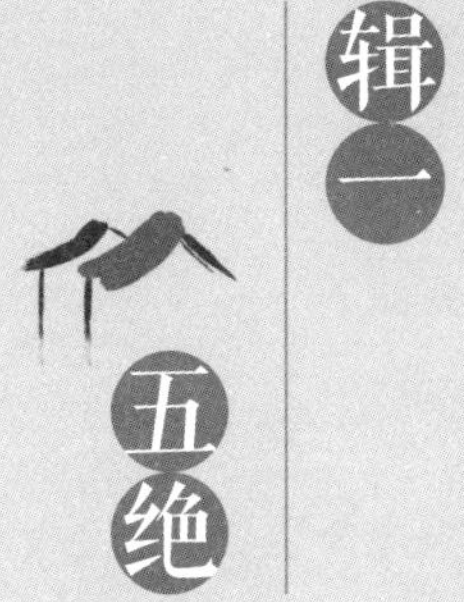

竹　亭

竹下几癯叟，悠闲围石枰。
边论南海事，边拱过河兵。

留　守

临老莫营巢，营巢休近轨。
朝朝汽笛来，引汝思游子。

拓　荒

翻平山麓地，种植豆和瓜。
偶有松杉籽，随春共发芽。

建岔潭水库

半县人车到，驱云凿石根。
欲教天上水，认此是家园。

舍友手机

总在欲眠时，调铃响而久。
日长方探知，老母还留守。

留守儿童

村后有高岗，能瞻山外路。
成群留守儿，常到此爬树。

跛叔拾荒

月落有疏星，沿衢觅罐瓶。
布囊如不满，行到远天青。

跛叔宿处

除却鼠虫声，难闻人语响。
中宵不寐时，独对先贤像。

擦鞋人

独坐夜街角，树高灯影稀。
手持沾蜡刷，鞋面觅光辉。

留守妇

刈下累累穗，依秸乳稚儿。
云端鸿雁过，偶有发呆时。

山乡杂咏

蓬户五更起，觅螺山涧来。
沿涧探石罅，入手尽苍苔。

山乡老者

担薪夕阳下，履石渡溪水。
人老背腰驼，长条曳波里。

川籍保安

深宵门外坐，虫响月斑斑。
错落楼檐影，看成巴蜀山。

送餐家长

踟蹰校门外，布袋揽胸膛。
唯恐秋风过，吹凉满钵汤。

高考阅卷

十载寒窗字，屏中鱼贯来。
偶逢涂抹处，恐匿栋梁材。

宿管员

一楼皆入梦，君独坐窗边。
看月寒光下，复迎红曙天。

保安巡逻签到

时签北楼上，时署小园东。
花树繁荫下，君名长沐风。

电脑维护员

屏上大千界，登时全失真。
君来看一眼，只说有微尘。

教学楼送水工

上楼还上楼，扁担晃悠悠。
敢让山中水，不朝低处流。

学校水电工

引来浇圃水，线接一园情。
入夜巡行处，有灯花下明。

粉笔尘

黑板讲台上，君常试羽衣。
吾师忘汝在，莫绕鬓飞飞。

教学楼悬空花池

葱茏飞槛外，装点半空台。
时有红和紫，探头听讲来。

晚修看班

窗外叶摇影，远楼琴韵低。
清风共天籁，助解晚修题。

访母校

阔别廿年后，重登少日楼。
总疑人唤我，一步数回头。

考场即事

偶一偏头望，便闻声气严。
应批风惹事，吹动碧窗帘。

晚修下班

潇潇车外雨，星点入帘帏。
一路光流动，横穿银汉归。

上班堵车

久滞外环上，嗟无更外环。
未如乡路曲，拥挤只青山。

过胜利桥眺母校新址

卓峰秋别梦，几许徙江东。
郁郁重楼绿，疑为旧碧桐。

入城卖菜

星月一车推，寒霜朔气随。
临街天始亮，万户即晨炊。

石　磨

岁岁磨坚锐，锋棱已不多。
欲邀人刻凿，能者尽苍皤。

枯 塘

断瓦犹能拾，清波何处寻。
当年漂水面，片片过塘心。

冬 荷

枯梗寒风里，歪斜点野塘。
回思长夏夜，远远送清香。

万绿湖

白云眠碧玉，远岸宿樯竿。
不扰湖中梦，水安天亦安。

山楂树

故宅山楂树，秋情浓过枫。
知吾茶久淡，遣叶入瓷盅。

【注】山家昔以其叶烹茶。

古 巷

故里巷中石，行来总有光。
俯身尝细察，不识自何方。

水 仙

叶许青鸾化，根应源白云。
谪居凡世久，不改是清芬。

青石渡

乡河青石渡，数载未曾过。
不及浮云远，浮云往返多。

故乡古庙

北来千涧水，门外向东驰。
饱听下滩吼，三斟黄酒时。

谒善士屋

环村余古墙，墙厚过三尺。
薜荔共莓苔，欲遮锋镝迹。

水井岭下径

枚枚露锋石，偃伏及清泉。
总角初挑水，尖棱早已圆。

节　后

溪边浣衣媪，孤影倚蓝盆。
细揉孙衫上，团圆汤水痕。

移　民

重觅旧乡邑，波涛白渺茫。
不知何浪下，曾别古祠堂。

路　过

知汝邑中居，徐徐拟驻车。
流光难再返，重见两何如。

重访憩园

别汝登车处，榕荫已蔽空。
零星明月影，怯与我相逢。

电　话

话音来远城，婉婉请猜名。
少日憩园径，相逢闻此声。

忆憩园

旅寓江城日，清芬帘外来。
当年轻别后，徒倚几窗台。

江　城

已别江城久，江云不系心。
唯逢播天气，听听是晴阴。

七夕次日即事

破晓江滨椅，零星红豆多。
昨宵谁坐此，拈着望银河。

未寄

未寄几红豆，深藏箧底函。
闲来时一启，恐有蠹虫耽。

题画

林圃东隅径，桃花渐落红。
佳人偶过此，不敢面春风。

乘车有怀

悠悠离别曲，车内久萦回。
忆汝临窗坐，帘帏关又开。

憩　湖

重倚憩亭槛，湖风凉似初。
香莲去无影，何觅叶间鱼。

憩 园

憩园花几发，不敢问流莺。
那年莺语里，一北一南行。

晓 岸

晓岸如眉叶，露珠凝未流。
盈盈更何似，临别望人眸。

旧　曲

午夜电台曲，珠江畔听过。
暌违十年后，泰半我能歌。

重　游

当时珠水畔，望月惜姮娥。
别后重游夜，清光怜我多。

曾　惜

曾惜桨前叶，随波远小船。
缆拴桐树后，我别更多年。

写　生

菱湖共写生，细雨拂衣轻。
折片大荷叶，陪君到转晴。

忆儿时砍柴

高唱山歌去，挥斤小作威。
不和斜照约，担起一同归。

儿远行

朝朝忙不尽，离日却多闲。
未折门前柳，同过几座山。

中秋夜归

明月临街市，收摊踏两轮。
秋风莫相阻，儿尚寄村邻。

母亲种蔗

常须掰旧叶，叶齿利如刀。
一顶遮阳帽，穿行千百遭。

汲　水

闻知此江水，遥系故乡河。
满汲长瓶去，客厅浇绿萝。

忆汇单

一年风雨苦，融入汇钱单。
留言唯五字，千万要加餐。

癸巳除夜为输液孩儿购面包

店门今夜闭，街路只灯光。
落木歪斜影，与吾量步长。

探旧宅

尘灰一扫清，何物不牵情。
缺口青瓷碗，犹镌吾小名。

慈萱看儿来

娘来门正锁，别却我嘘唏。
追及霞红处，搀娘缓缓归。

上县城照X光

照罢无钱治，抚腰望远山。
丛林蹊径狭，须趁夕阳还。

坐车回乡

渐近乡关路，山形合复开。
参差红叶树，奔走入窗来。

儿时上城

薯苗挑半担，翻岭白云拦。
知我趋朝市，才留一抱宽。

乡　河

乡河暌违久，河石绿相凝。
爬上枫杨岸，莓苔有几层。

初一小儿寒假前来微信

寒潮明日至，娘莫驾车来。
儿识归乡路，能迎冰雪回。

故　地

六载晨昏过，繁枝牵我裾。
廿年重邂逅，花影尚怜予。

过被撤小学睹老柿树有怀

往昔果青青，攀来匿溪石。
而今满树红，零落无人摘。

访昔日小学

重回苦楝园，楝子再难见。
想拾两三枚，闲栽乡宅院。

母亲菜园

但有空余地，应时栽豆瓜。
长留畦一角，任我种闲花。

旧 宅

墩头树一株，叶叶有清馥。
风影隔池塘，氤氲来老屋。

故 溪

宅旁虽有溪，溪里已无水。
昔放小江鱼，不能归故里。

回乡二首

一

契阔十余年，节前回故宅。
儿望瓦上柯，不识是苍柏。

二

重见旧茅舍，知遭枯叶侵。
与人相问候，隔着鹧鸪林。

故宅石磨

春秋砻粉齑，冬夏细分壳。
今老齿牙无，冷清依壁角。

旧宅古柏躯干泛白

干皮颓似雪，摩抚感深秋。
只恐枝颠绿，明朝白了头。

外　公

送迎锣鼓点，远近最知名。
惜我生来晚，无缘听一声。

忆外婆

风里山苍子，凋零杂草丛。
再无谁拾取，送我一瓷盅。

悼长兄

遥望孤征路，峰峦叠浪波。
灵槎纵能借，掌舵缺阿哥。

哀荣叔公

化刺一杯水，去年归老君。
从今拟求者，徒望碧天云。

隆城寻四叔长兄设饯酒肆

兄叔见怜处，窗分街树荫。
廿年斜照里，余我独来寻。

重睹隆城赛歌地

笙歌飞起台，青草与相偎。
黄老仙游后，有谁编曲来。

分　家

老头随长子，满崽选娘亲。
卅载同甘苦，今成隔户人。

孩提照

边隅一文物，漫漶杂昏黄。
老父无须看，知为大寨墙。

老父忆下岗

无须赶朝暮，自种菜和花。
时有老同事，还来漫饮茶。

冬至日接故园电

生意还天地，回回共饮茶。
今年人缺席，拨号问天涯。

夜　宵

街灯零落处，摊挂故园名。
品罢儿时味，乡愁一夜生。

寄　远

言归犹未归，又遇春风起。
灼灼杜鹃红，已开满故里。

秋登昌田岭

小坐松针上，凝神山涧边。
几株红叶树，错认火将燃。

故里桃花节

已别武陵久，重回山路赊。
年年海隅客，买报看桃花。

隆城街树

几回霜月夜，柯影默相陪。
知我迷方久，不飘黄叶来。

同学会

饮罢杯中酒，青春旧照传。
诨名相互道，还是廿年前。

阿　姊

往昔砍柴路，萦回白日光。
姊知何处石，歇足最清凉。

故宅门神画

绽裂蒙蛛网，斑斓淡似烟。
拂尘拈一片，认认是何年。

哄孙儿入睡

扇底素丝飘，清凉伴古谣。
歌声传入梦，满是外婆桥。

临近中秋

常盼邻家子，驱车自远归。
孙儿打工事，能探得些微。

小儿求学他乡

明知寒暑假，旅远始能还。
每到星期五，多看日下山。

舅公赠剪毛兔

远抱来蓬户，严寒馈炭心。
更教明快剪，雪里响清音。

旧宅琐忆

入夜催儿寝，房深不与同。
只先擎烛去，过道打蜈蚣。

盲姑挑水

路斜桶影长，相倚不相弃。
西岭半轮光，迟迟未忍坠。

过内莞径

山下古枫树，可曾红涧边。
车窗看一眼，青似别乡前。

忆儿时晒谷

仰首揣云意，低头看蚁窝。
乡邻笑相问，真有雨来么？

露天电影场卖蔗

借来银幕明，皮削白如饧。
一夜场边望，不知何剧情。

小　年

新酿高粱酒，年前拜社神。
唯祈山外路，无雪阻归人。

带小儿睡

一展轻纱帐，蚊虫空鼓簧。
清风来不阻，可带梦飞翔。

浣衣埠

条石净无苔，家家挎篓来。
晨岚还未散，新事已传开。

晒 坪

村边高晒坪，嬉戏数难清。
最念黄昏后，寻儿那一声。

荷 塘

翠叶旋倾侧，为谁遮晓风。
清涟波不定，难掩一枝红。

牧　牛

棕绳牛角挽，听任嚼斜阳。
漫折河边柳，沙滩画几行。

所　见

留居乡里人，非幼即衰老。
多少水头田，春来只生草。

久　旱

白昼难分水，深宵独出行。
远望拦河坝，电筒光乱横。

收花生

倒拔根苗起，凉荫坐摘之。
蝉声头上落，直到夕阳时。

乡河岸新葺

莫虑枫杨岸，青苍多剪裁。
入河藤若在，会引碧丛来。

寒 露

今年寒露早，打得稻花飘。
有谷将无米，怨吾迟插苗。

忆了了堂丈

闻吾奔赣南，海上数来函。
存问灵山草，可曾逢二三。

微信观故乡照

未睹故乡河，也知春水足。
堤头杨柳枝，远比去年绿。

抗　旱

禾苗欲抽穗，膏土裂纹生。
几处山塘水，黄昏戽到明。

西湖瞻坡公像

迟日孤山径，飞红覆草茵。
年年木棉树，早过献花人。

同年伯粮所装车谋食

下了长阶砌，又登斜板桥。
车中数寻地，折尽壮儿腰。

卸车夜归

村落寂无声，一灯照篱外。
入门灶火红，热釜水掀盖。

旧　居

斑驳墙根上，涂鸦尚有痕。
飞天摘星梦，借此得重温。

中秋遥思祖母

迂曲村前道，斜阳染素秋。
策杖行犹驻，逢人问惠州。

放　牛

涧旁青草嫩，林下和鸣多。
清晨同至此，各自漫消磨。

秋　院

堂外阳光地，晾开秋实多。
蒜苗乘竹杪，绿上旧庭柯。

滬径古道

堤下水回旋，峰巅石欲坠。
往来荷担人，时揣山川意。

丰山泉

知此清泠镜，四围花影来。
垂杨似相妒，时拂碧波开。

溪河故道

溪水流经处，已成青菜畦。
皴皮几株柳，犹守旧沙堤。

寄宿看校医

方开复叮嘱，饮水与添衣。
本有归乡念，听余不拟归。

忆儿时挑水

虽无扁担高，半桶不轻摇。
怎奈村前蔓，时分一两瓢。

待　耕

蒙蒙丝雨里，积水溢田原。
偶有春牛吼，回声动小村。

宿苗寨

篝火通明夜，苗家唱古谣。
歌词难了了，调似外婆桥。

故　山

别日杜鹃艳，归时秋叶红。
故山无限意，尽在不言中。

葛洪洗药池

千载青蒿水，还流人世来。
今寻仙履迹，触处是苍苔。

故邑小江桥

高拱横空阔，低栏倚正堪。
能教南北客，饱览一江蓝。

重逢恩人肖公

廿年参谒迟，今谒异乡里。
报出晚生名，半天记不起。

乡居买菜

草鲩禾茎系，野花晨径回。
时逢乡丈问，是否客人来。

清　言

清言未闻久，便向碧山行。
饮罢一壶茗，归来俗念轻。

学箍桶

木板如弧敛，玄机谁可传。
少年凭牖立，望月悟成圆。

答凤仰兄

车过还回退，邀游春水东。
惜吾萦俗事，枉却木棉红。

寄　稔

南国秋风起，迢迢寄稔来。
牵人念年少，背篓陟崔嵬。

严　陵

数尺旧丝纶，应难到潭底。
元非得细鳞，只望富春水。

山乡车站

车去南方久，空余小站台。
担箕卖瓜媪，经此亦徘徊。

忆郑伯家看电视

微屏黑白机，带给一村喜。
大地恩情歌，而今还唱起。

守　水

逢渠分一脉，终得细流来。
彻夜直相守，稻花明日开。

黎明唤儿上学

不早一分唤，令儿梦更圆。
知娘昔唤我，亦守晓钟前。

即　事

老父尝游历，西湖金带街。
吾今沿父迹，看看旧门牌。

别乡车中

数朵蒲公伞，行囊带上斜。
相怜失根蒂，共寄远途车。

日　记

常写一名字，三年人莫知。
窗前苦楝影，独晓我心思。

坐公交回家

暝烟弥荔浦，犹有数桥程。
且看河南岸，人家灯渐明。

观锦章兄画《丝瓜》

乡中傍园宅，瓜蔓几攀墙。
果结木窗下，青青垂到黄。

观《小咯咯》图

鸡仔偶离群，声声不可闻。
吾今别乡久，思旧写诗文。

观《午餐》图

儿时友鸡犬，饮啄自平分。
负箧离乡后，吠鸣难一闻。

题《秋荷》图

湖面秋风过，残茎横水中。
蜻蜓不言语，长久立莲蓬。

观罗中立油画《父亲》

唇焦额纹皱，老茧满双手。
捧着碗中茶，望人何太久。

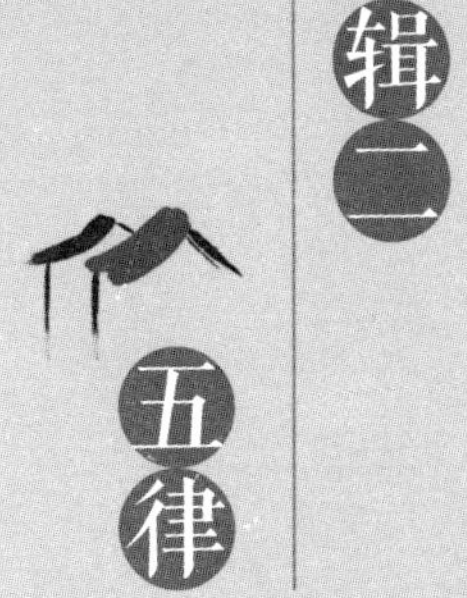

辑二 五律

内莞街

绿水青山抱，乡村小市场。
地摊看雨色，瓦肆沁茶香。
论价逢亲故，询家及豆桑。
斜阳归客去，鸟雀噪檐堂。

山　居

日出鸟鸣余，浮云远我居。
泠泠前涧水，郁郁后园蔬。
绿李还无果，平时难赴墟。
地偏人少到，闲读数行书。

贺叔父乔迁新居

宝宅临山顶，沿途秀木深。
花开邀蝶舞，鸟醒对窗吟。
淡墨通云意，青瓷觅古心。
时来叨一座，又得拂尘襟。

母　亲

无缘来识字，也不懂乘除。
累月山田地，全家柴米蔬。
儿孙相继大，鬓发逐年疏。
每问从前事，还言想读书。

白围下拱桥

拱旁榆树老，落日镀层金。
凹石耕牛过，虚栏暝色临。
水清延月照，渠曲入村深。
朴古祠堂外，莲花香到今。

入夜桥头卖鱼干

干鳞摆青石，待暮穑人经。
皎皎山巅月，微微称上星。
行来如老友，问候动寒萤。
邀约村中饮，回言有水瓶。

古柏二首

一

荫庇门楼久，所经难细知。
条摧何度日，影孑月圆时。
灼迹凝青藓，阳春发故枝。
籽繁含异馥，常有客求之。

二

远祖留车盖，愔愔立外庭。
晨开禽展翅，云合绿垂青。
浓鬓风常栉，皴皮雨几经。
出门回首望，总觉有叮咛。

母亲所植樟树林

寻苗遍丘壑，持护自常经。
萌蘖忧分早，凌云愿不停。
虚轩渐凉荫，幽鸟哢芳馨。
阿母劳农事，无闲仔细听。

薄　暮

山村杳将暮，户户沐斜晖。
塘水流霞染，鹅群结队归。
呼朋浴清涧，垂柳荫凉衣。
偶有寻儿唤，声长达石矶。

楼上听泉

何处园亭下，传来汩汩声。
午休犹隐约，夜静更分明。
偶听心神远，久闻疑窦生。
乡关竹林涧，莫是到州城。

中秋夜乘末班公交

车发近三更，街灯共月明。
背包随旅客，追梦动江城。
路阔行人少，风微拂领轻。
天涯拟连线，擦得视频清。

卅年前五叔所赠手表

细览此名表，恍回青少时。
响铃还早也，挽袖又看之。
滴答何曾歇，年华亦共驰。
链条亮犹照，饭店打工儿。

打　工

十载来深圳，年年居厂房。
迎风拼日月，留幼守山乡。
久负离前诺，遥思村外望。
阿娘三伏昼，独割稻云黄。

朋友圈见故园照

偶逢乡土照，冉冉上朝暾。
弯曲溪河水，回环昔日村。
波光何朗朗，柳影尚昏昏。
似恐吾寻得，拴牛旧索痕。

故园遇洪灾

五月九连雨，淋淋落不停。
洪围院墙没，堤决稻苗青。
黔首避何处，苍天余震霆。
即闻军哨响，浊浪正飞舲。

早春游西湖

暂遣寻春兴，漫行洲渚间。
木棉红到水，湖岸翠连山。
风冷舟多泊，天高鸟正还。
经年未归客，望久怅尘颜。

游苏家围

一脉坡公裔，循州山野藏。
古祠环石巷，绿水绕田桑。
遗俗岷江迴，擂茶历代香。
老榕桥畔别，车远尚相望。

送同窗

二载共窗曦，倏然日脚移。
憩园勤撷秀，湖畔细谈诗。
东圃花仍好，珠江水未迟。
明朝饯筵后，征路勉相为。

别母校

三载唯兹夕，明朝各坐车。
商弦未弹夜，相册定交初。
卓岭暝而显，长坑狭复徐。
谁堪回首望，抱紧赠来书。

齐聚隆城访母校

含泪黉门别，重逢二秩焉。
青阶寻去梦，粉壁认流年。
古柏仍罗立，恩师已陟迁。
犹探旧庭户，留影说从前。

入同学群

念念诸名字，青春到眼前。
佗城访秦迹，渡水起炊烟。
盈缺千回看，驱驰廿载牵。
何时卓峰下，重品霍山泉。

游学家书

每月数封信，悠悠来故关。
叮咛偏纸短，农事并言间。
全是父亲字，遥知灯下闲。
阿娘不能写，耕种垦荒山。

忆实习音乐导师

不见业师久，清癯可逊今。
遥思满头白，细护百花深。
居室无多椅，消闲有一琴。
微风明月夜，谁更赏弦音。

忆夜访业师黄公

长记半山院，吾师居顶楼。
轩开星月入，耳听涧泉流。
茶点资谈兴，春秋到石头。
别时行夜径，有叶响悠悠。

睹业师鹤翁近照因忆素描课

一睹风神照，忆聆声抑扬。
垂教用铅笔，梳理透窗光。
远水平无浪，近花微有香。
蔼如传妙道，迟悟忝门墙。

忆母校收发室前阶除

阶下望巅顶，依依有白云。
一登云杳杳，再陟意殷殷。
途远家书少，田多农事纷。
遥知带餐出，劳作到斜曛。

重睹母校教学楼

阔别故山水，朝昏寄此楼。
四围松岭绿，数载雨天愁。
鸿雁遥无影，江河涨更流。
潇潇倚轩是，不得远凝眸。

同窗示隆城求学照

一观怀旧照，拭目忆芳华。
有梦哀迷路，无春怜落花。
常望绕城水，偶听运煤车。
倏尔皆奔走，天涯与海涯。

毕业廿余年重见朱曾二同窗

寒流回暖夜，重聚在天涯。
方赞风如旧，旋嗟眼渐花。
遥思青鬓事，漫煮白沙茶。
檐外街灯亮，能遮星月斜。

重访邑庠楼

越渡千山水，来登旧日楼。
旷原春更碧，白昼院仍幽。
廿载铃声过，几丛花径留。
重敲师长户，声响韵悠悠。

闻同窗齐聚吾乡遥有此寄

遥闻老同学，寒日到吾乡。
山路有冰雪，天涯无酒浆。
廿年仍契阔，今夜复回望。
筵上言思忆，邀传相一张。

圣迹岩前古枫浸红

邀约天涯客，归来看树红。
山溪古桥卧，云峡小车通。
晨隐野烟里，昼明岩翠中。
仙翁休憩迹，或许未随风。

向文友绍介故园圣迹苍岩

船由暗河进，野兴益悠哉。
光线天窗入，水声何处来。
空中一罗汉，灶上几残灰。
仙道昔年别，至今犹未回。

送别叔母

江流缓无语，云满暗天隈。
涕泪灵堂落，人车远道来。
怀思一泓水，滋养万株梅。
痛矣长相别，吾扶阿叔回。

丁酉清明怀车田岭

外婆安寝地，廿载几回望。
林少山形瘦，雨多茨草长。
非无快刀剪，叵耐异州乡。
愿得重修整，奉酬春日光。

偶于豆腐格伏睹外祖父手泽

卅载经风雨，超然墨色浓。
点钩思敛息，映带蕴行踪。
渡水伐荆棘，萦园栽竹松。
木纹诚惜我，此世未能逢。

送别外婆

声失默相送，遥归中洞村。
云低护芳菊，竹恨未灵幡。
荒岁养儿女，枯渠开水源。
街坊远车至，岂止接生恩。

开　垦

东山荆莽地，戴笠趁晴锄。
无栅拦禽鸟，分畦点豆蔬。
鸡鸣挑涧水，日落返村墟。
愿到秋风起，累累挂我庐。

收红薯

藤老晞寒露，沟平枯叶深。
春曾豫期约，秋莫负初心。
有瓮粮常尽，充饥谁可任。
土翻舒地气，红出感难禁。

秋 夜

明月东山起，清光小院浓。
蛩声乱无调，檐影黑如峰。
围听银河事，仰望灵鹊踪。
星稀萤火近，捉得入灯笼。

随祖母省亲

鸡鸣三遍了，雀跃出家门。
翻岭分仙雾，临溪过石墩。
鱼游无可捉，雉走亦难跟。
频问还多远，前方桃李村。

元　旦

日历未更换，先迎新纪年。
山塘牵几网，溪圃掐篮鲜。
酒共邻翁饮，炉随木炭燃。
同猜岭梅放，春后或春前。

七　月

一年望此月，耕获趁炎光。
黄豆将开荚，水田须插秧。
中餐已迟食，斜照愿能长。
生意安排定，听凭秋渐凉。

忆内莞中学

重饮故乡酒，怀思昔日园。
丹榴仄枝长，苦楝落花繁。
跑步溪河背，翻回水井门。
松香晨爨里，诵读自喧喧。

重睹母校运动场照

深僻小平地，三隅削岭根。
鸡鸣弥白雾，日昃早黄昏。
沙上高飞影，草间迟守门。
未随幽梦远，触拨又重温。

理　发

吱吱推剪上，簌簌落围巾。
一缕捻犹看，诸多离未逡。
先时沐霜雨，今日委埃尘。
为者何人也，寒风侵项频。

赴南海遇堵车

四围暝色至，中道滞成排。
静碧分行树，殷勤示意牌。
尾灯连野远，斗勺向南歪。
不必忧前路，斯时足放怀。

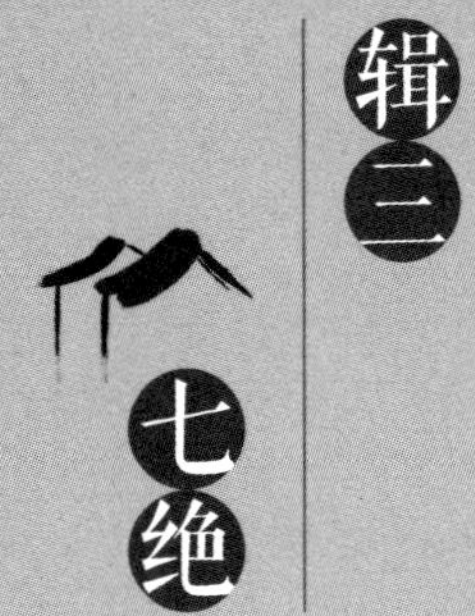
辑三
七绝

昌田拱桥

远来山色近飞烟，栏照清波拱影圆。
耕种赴墟人往返，轮蹄得得自流连。

新建拱桥

古墩深隐上无栏，风起遥分岩岫寒。
山竹车车朝夕过，最知此处水天宽。

善士屋半桥

清溪一曲绕村庄，隔岸花飞传暗香。
若去对门看胜景，半桥尽处接梯长。

外婆村边木桥

连环几曲渡河心，影入清波共水吟。
朝送流霞暮过鸟，早年行迹哪端寻。

故乡古枫

高枝常有白云浮，根柢神祇几度秋。
满岭青葱研光日，溪头红叶带霜流。

乡　河

长映围龙四角楼，时飞白鹭点清幽。
昌田岭月枫杨影，都在潺潺水上流。

邻家空调滴水窗外

点点清泠入梦轻，二更未止复三更。
乡关青瓦几间屋，落雨檐头是此声。

偶发故园照见海洋留言

古柳河边圣迹峰，烟岚水气掩真容。
远来未睹匆匆别，廿载还询云淡浓。

无　梦

传书秋雁已南翔，一夜风萧月带霜。
最是牵人篱畔影，久无梦蝶问寒凉。

重访憩园

离别江城秋笛催，十年远客得重来。
情知湖上无荷影，犹倚栏杆望几回。

宿攸县

行遍湘山始落车，暮楼窗外数星斜。
连通微信视频后，汝见羁人吾见家。

故里见画家写生

河曲滩多岩一隅，不知处处自成图。
从今敢问丹青展，山水缘于内莞无。

收稻二首

一

不忍穗儿低复低，弓腰老妪割秋畦。
学行孙女无谁看，听任田头自玩泥。

二

挥镰秋垄握金黄，带露担回满院香。
天井连廊都晒遍，又跟邻里借阳光。

悲四叔

鹤鸾燃罢化灰尘，爆仗声中送至亲。
此字此名今日别，清明再拜隔荆榛。

扫　墓

带雨浓云压岭低，清明山野路凄迷。
坟前杂草方除罢，林后春禽长短啼。

夏田古围

远山仍入旧窗棂，屋瓦连墙寂寞青。
往日繁华今不再，偶来群雀闹空庭。

霞涌蟹湖鲸浪

潮退蟹螺藏石堆，持钳欲觅活鲜材。
沧溟深处谁怜悯，一浪将回一浪来。

曾祖母银簪

纤纤纹路色微斑，遥忆银丝拢作鬟。
倚杖门前东岭亮，一痕光反屋梁间。

谒八大山人故居

尘外湖心绿万株，长留禽鸟伴坚孤。
秋风起有几黄叶，飘入山人枯墨图。

泗洲塔

一笔高擎西岸坡，五湖如砚任研磨。
罗浮山下长年绿，可是此毫皴染多。

丰湖书院

千年牌匾尚分明，轩外湖波一色清。
水鸟不知人散尽，关关犹学读诗声。

游西湖

如带清江绕五湖，何桥何岛遇麻姑。
正疑山水连天翠，忽见红棉三两株。

别西湖

久无音讯事成非，怅望西湖水鸟飞。
走遍亭台摩遍树，明朝山径负囊归。

孤山远眺

孤山远眺鸟飞低，烟笼苏堤意转迷。
九百年来澜卧影，几时留得暮云西。

拱北桥

千年栏槛尚连环，拱卫鹅城水北关。
留下一湖青翡翠，不教流去浊波间。

过明圣桥

拱上遥闻诵读声，虚栏延纳小蓬瀛。
廿年魂梦萦回处，经此半圆心始明。

夜游西湖

远山吐月映苏堤，近市繁灯照水迷。
若问先看何处好，暗香凝露在湖西。

合江楼

二水交融轩外流，远山犹喜上帘钩。
不知何处白云朵，曾借坡公长枕头。

丰渚园赏荷

平湖西畔藕花开，数换车舆破晓来。
为摄梦中香那朵，池边寻遍更登台。

登滕王阁

雄楼犹矗古长洲，笙曲已随江水流。
甍上白云遗一片，不知千载为谁留。

教师节上课有得

杏坛佳节又重临，台上郁金香气深。
收得彩笺盈手返，暖人最是少年心。

上海泗泾古镇

塔影桥涵共水隈，长廊不再绕泾回。
围栏欲拒尘嚣入，早有霓虹钻进来。

游上海交通大学

红墙才显绿淹无，花径徐行闻鹧鸪。
上院楼阴拈一片，归来或可赠痴雏。

游长沙简牍博物馆

应谢黄泉呵护勤，千年松墨有微薰。
春催耕植秋征赋，锣鼓声能简上闻。

岳麓山放鹤亭

草亭寥落名亭外，逐胜游人自少来。
性僻如吾偏爱此，猜余石刻看青苔。

古麓山寺罗汉松

曾荫六朝僧讲坛，拈花妙谛自深谙。
摄来形影日常看，无嗅无尘应可参。

李自健美术馆赏《秋收》图

稻秆如山秋后田，车牛深辙影东偏。
卅年难觅故园梦，元在澄明湘水边。

宿溪边馆

夜色深笼客里楼，梦回坐待晓更筹。
此时麦地门前水，已带山花几瓣流。

雁石溪

铁索虚栏只一浔，榕荫未惹别离吟。
隔溪却是芭蕉岸，频与行人照面深。

鄞江门

大唐气象辨何端，垣草丛遮门减宽。
遥念迁人经此去，鄞江钓罢望长安。

广储门

重修复圮太纷纭，砖砾年时杂不分。
试问古来骚客迹，几多勒石几随云。

三元阁

登楼无客雨潇潇，门道长长未寂寥。
条凳绵延坐耆老，不知多说是何朝。

龙潭古戏台

舞台青石见龙须，看席回廊爻卦图。
晓雾茫茫阴欲雨，碧云天句唱还无。

内莞东山寻幽

千岩杂树向溪生，一线遥空半晦明。
小坐滩头松荫下，细听飞瀑远来声。

永定土楼

土楼一入动乡情，天井回廊哪陌生。
只少庐旁竹林下，十番弦管日和声。

游上海同济大学

秋到怡园叶不凋，垂楼藤蔓碧迢迢。
远来未得盘桓久，轻抚栏杆别木桥。

河畔晨跑

秋晓长堤岚未开，青藤古柳湿苍苔。
一河水气氤氲起，透过繁荫扑面来。

寒山寺寻枫桥遗迹

塔影斜斜枫叶青，桥边缆迹已无形。
夜深一记钟声响，回荡千年还未停。

谒长沙贾谊故居

百年雅郑苦难分，岭表人来三拜君。
太傅若能重秉笔，将书何策振诗文。